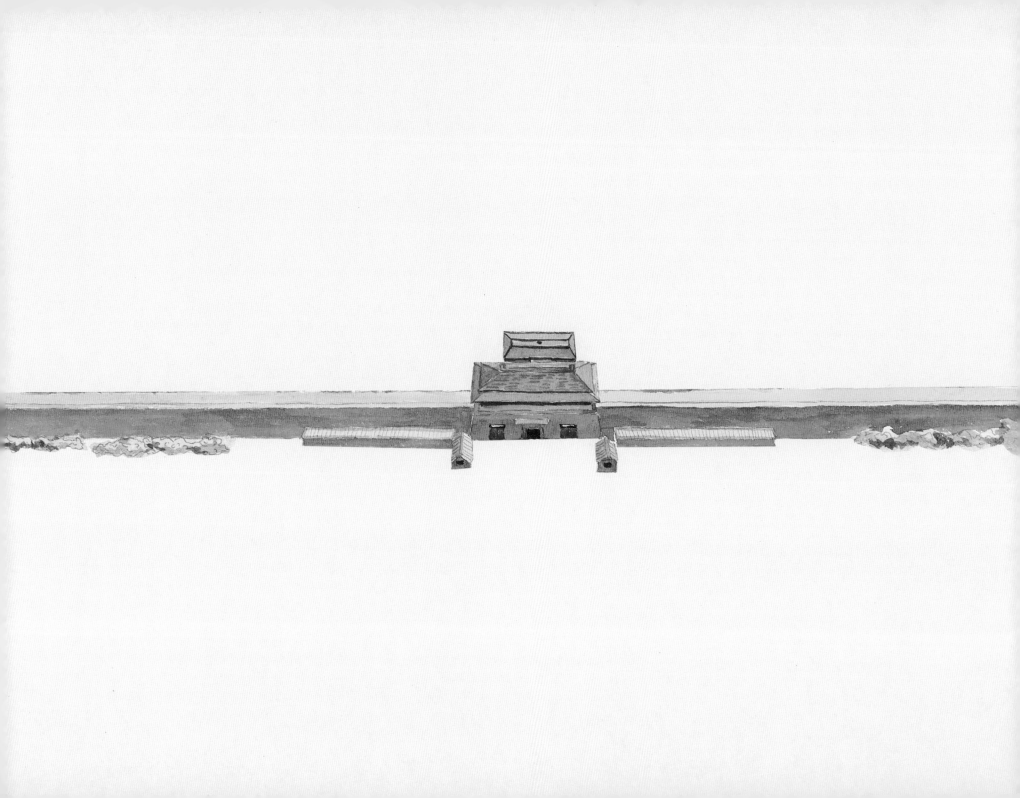

中轴线上的北京

李兰芳/著　　王小宁/绘

胡同

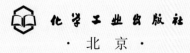

化学工业出版社

·北京·

图书在版编目（CIP）数据

中轴线上的北京. 胡同 / 李兰芳著；王小宁绘. —北京：
化学工业出版社，2023.5（2024.7重印）
ISBN 978-7-122-43079-3

Ⅰ.①中… Ⅱ.①李… ②王… Ⅲ.①文化史—北京—儿
童读物②胡同—北京—儿童读物 Ⅳ.①K291-49 ②K921-49

中国国家版本馆CIP数据核字（2023）第040350号

出 品 人：李岩松
责任编辑：笪许燕
营销编辑：龚 娟 郑 芳
责任校对：赵懿桐
装帧设计：王 婧
出版发行：化学工业出版社
　　　　　（北京市东城区青年湖南街13号　邮政编码100011）
印　　装：盛大（天津）印刷有限公司
889mm×1194mm　1/16　印张3　字数50千字
2024 年 7 月北京第 1 版第 2 次印刷
购书咨询：010-64518888
售后服务：010-64518899
网　　址：http://www.cip.com.cn
定　　价：49.80元

目录

"北京城像一块大豆腐，四方四正。城里有大街，有胡同。"胡同是什么时候出现的？北京有多少胡同？胡同里的四合院长啥样？

让我们开启一次胡同之旅，变身胡同小达人吧！

我知道耳朵眼胡同，鲤鱼胡同、扁担胡同，不知道谁起的名字，太逗了。

城州幽

打破封闭的里坊制

　　唐朝时，城市被划分成一个个"豆腐块"似的"坊"。坊里有好多一字形或十字形的街道，坊外用高墙（称为里）围着，只留一个门进出。晚上坊门关闭，大家都不许在街上活动，这叫"夜禁"。坊是纯住宅区，要想购物、下馆子，必须跑到专门的商业区——

市。这样的规矩叫里坊制度。当时的北京叫幽州，有26个坊。

可是，生活在坊里的市民觉得很不爽，逛街要走很远的路，有的人晚上和朋友喝酒聊天，忘了时间，回不了家……

到了北宋，里坊制终于被打破了。开放的市坊让城市焕发出前所未有的生机。汴京城的居住区和商业区混合在一起，大街两侧商铺林立，不但"夜禁"取消了，还出现了热闹非凡的夜市。

女真人修建的金中都是"克隆"汴京来的，所以也实行市坊制度。

到了元朝，元大都完全实行街巷制。这样，胡同就诞生了。

3

胡同诞生了

胡同这个词的来源一直有争议，但大家都认为和蒙古人有关系。在蒙古语中，胡同是水井，也是浩特（城镇、街巷），还是胡衕（tòng，部落）。

元曲里最早出现了"胡同"这两个字，比如关汉卿的《单刀会》里有一句"杀出一条血胡同来"。

元大都的街道基本是直的或者丁字形的。大街宽24步（约合37.2米），小街宽12步（约合18.6米），胡同宽6步（约合9.3米），两条胡同之间的距离是50步（约合77.5米）。

大街主要是南北向的，胡同就沿着大街的东西两侧平行排列，而老百姓的家就分布在胡同的南北两侧。

步：古人把跨一脚叫跬（半步），跨两脚才叫"步"，约1.55米。

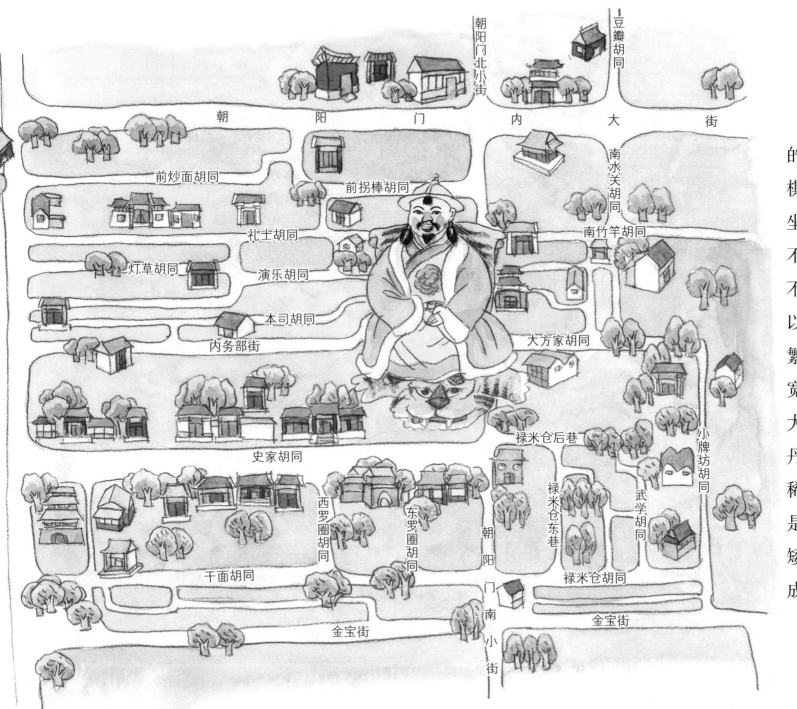

豆瓣胡同

朝阳门北小街

朝　阳　门　内　大　街

南水关胡同

前炒面胡同

前拐棒胡同

南竹竿胡同

礼士胡同

灯草胡同

演乐胡同

本司胡同

内务部街

大方家胡同

禄米仓后巷

小牌坊胡同

史家胡同

西罗圈胡同

东罗圈胡同

朝阳门南小街

禄米仓东巷

武学胡同

干面胡同

禄米仓胡同

金宝街

金宝街

　　元朝皇帝理想的大都城就像一个大棋盘，整齐划一，他坐在中央俯瞰全局。不过，这个"棋盘"不太平衡。现在东四以北的区域当时比较繁华，胡同不但间距宽，而且十分整齐。大都北部的泰亨坊、丹桂坊一带地广民稀，胡同少。住的都是贫穷百姓，房屋低矮、简陋，根本连不成胡同。

明朝的城市规划

明朝的北京城主要有三个街区，各具特色。

元大都的旧街区：大街小巷都横平竖直，整整齐齐。东四、西四和锣鼓巷一带的胡同是典型代表。

新街区：分布着各个衙门，又受护城河的影响，没什么规划。拿得出手的规整胡同就是东西江米巷了。

外城区：一部分是金中都的旧街巷，一部分是利用河道沟渠改建的新街巷。胡同代表是前门外的东长巷头条至四条等。

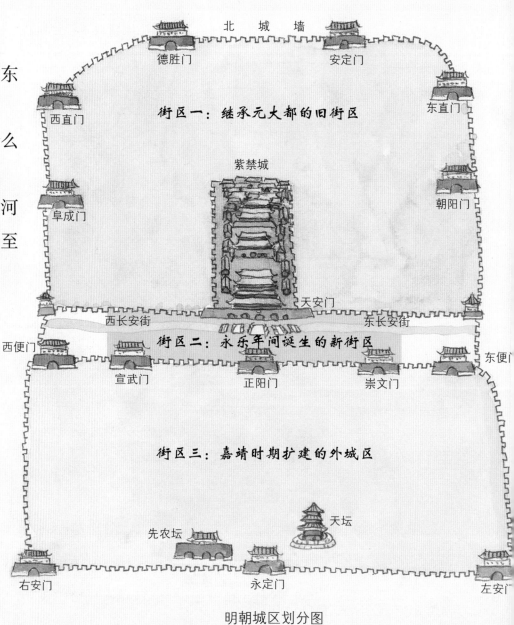

北 城 墙

德胜门　　安定门

西直门　　　　　　东直门

街区一：继承元大都的旧街区

紫禁城

朝阳门

阜成门

天安门

西长街　　　　　　东长街

西便门　　街区二：永乐年间诞生的新街区　　东便门

宣武门　　　正阳门　　崇文门

街区三：嘉靖时期扩建的外城区

先农坛　　天坛

右安门　　永定门　　左安门

明朝城区划分图

6

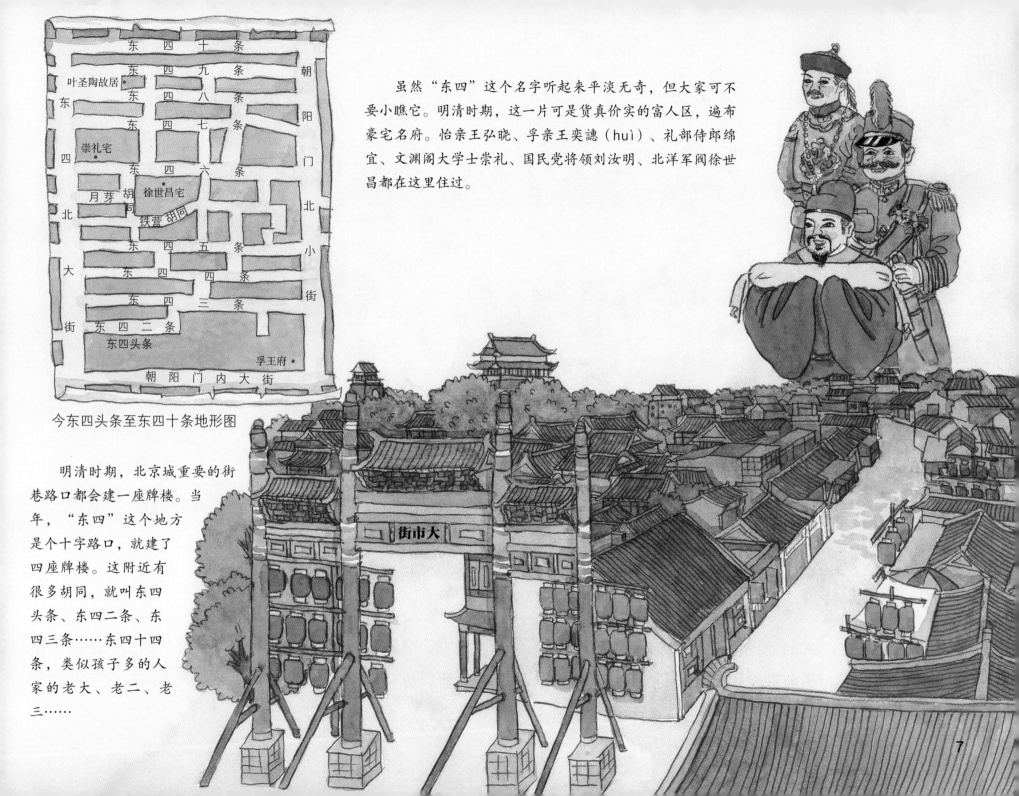

今东四头条至东四十条地形图

虽然"东四"这个名字听起来平淡无奇，但大家可不要小瞧它。明清时期，这一片可是货真价实的富人区，遍布豪宅名府。怡亲王弘晓、孚亲王奕譓（huì）、礼部侍郎绵宜、文渊阁大学士崇礼、国民党将领刘汝明、北洋军阀徐世昌都在这里住过。

明清时期，北京城重要的街巷路口都会建一座牌楼。当年，"东四"这个地方是个十字路口，就建了四座牌楼。这附近有很多胡同，就叫东四头条、东四二条、东四三条……东四十四条，类似孩子多的人家的老大、老二、老三……

7

八旗兵瓜分内城

清朝初年，汉人的地位低，统统被迁到南城一带的外城，内城成为满洲贵族和八旗兵的地盘。

满洲人的军队分为八支，用不同颜色的军旗作为标志，分别是黄、白、红、蓝、镶黄、镶白、镶红、镶蓝，所以称为八旗。清兵入关后，八旗中的精锐部队就驻守北京，成为禁卫军。

八旗兵住在哪儿也是有规定的，不能随便挪动：正黄旗、镶黄旗在皇城北面；正白旗、镶白旗在皇城东面；正蓝旗、镶蓝旗在皇城南面；正红旗、镶红旗在皇城西面。

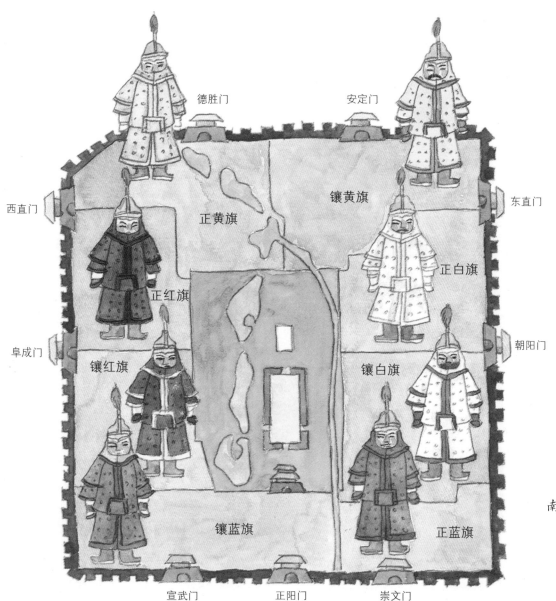

九门九车

你知道北京内城九门走九车的说法吗？

德胜门：走兵车。取"旗开得胜"之意。

西直门：走水车。玉泉山泉水进城走此门方便。

阜成门：走煤车。从门头沟运煤进城走此门。

宣武门：走囚车。离菜市口刑场近。

正阳门：走龙车。皇帝祭天、亲耕、出巡时走此门。

崇文门：走酒车。进京的酒多来自南方，离此门近。

朝阳门：走粮车。离大运河近，周边遍布粮仓。

东直门：走百姓车。周边是生活用品集散地。

安定门：走粪车。

其实什么门走什么车也不是绝对的，只是图个方便。

那时候的北京，东贵西富南穷北杂，风情极不相同。

——叶广芩《采桑子》

9

汉人百姓建设南城

　　被迫迁到南城的汉人百姓开始重建家园。一下子来了这么多人，南城的地皮相当吃紧，官府给的补偿也不多，所以新建的房屋都很简陋，新胡同又窄又小，有的连辆马车都通不过，有些还是弯弯曲曲的。许多胡同干脆就以斜街命名，比如铁树斜街、杨梅竹斜街。

老北京流传着两首地名童谣：

西　城

平则门，拉大弓，过去就是朝天宫。
朝天宫，写大字，过去就是白塔寺。
白塔寺，挂红袍，过去就是马市桥。
马市桥，跳三跳，过去就是帝王庙。
帝王庙，摇葫芦，过去就是四牌楼。
四牌楼东，四牌楼西，四牌楼底下卖估衣。

打个火，抽袋烟，过去就是毛家湾。

毛家湾，扎根刺儿，过去就是护国寺。

护国寺，卖大斗，过去就是新街口。

新街口，卖大糖，过去就是蒋养房。

蒋养房，安烟袋，过去就是王奶奶。

王奶奶啃西瓜皮，过去就是火药局。

火药局，卖钢针，过去就是老城根儿。

老城根儿，两头多，过去就是穷人窝。

小朋友，你们能在现在的北京地图上找到几个童谣中的地名？

东　城

东直门，挂着匾，间壁就是俄罗斯馆。

俄罗斯馆照电影，间壁就是四眼井。

四眼井，不打钟，间壁就是雍和宫。

雍和宫，有大殿，间壁就是国子监。

国子监，一关门，间壁就是安定门。

安定门，一甩手，间壁就是交道口。

交道口，跳三跳，间壁就是土地庙。

土地庙，求灵签，间壁就是大兴县。

大兴县，不问事，间壁就是隆福寺。

隆福寺，卖葫芦，间壁就是四牌楼。

四牌楼南，四牌楼北，四牌楼底下喝凉水。

喝凉水，怕人瞧，间壁就是康熙桥。

康熙桥，不白来，间壁就是钓鱼台。

钓鱼台，没有人，间壁就是齐化门。

齐化门，修铁道，南行北走不绕道。

平则门：现在的阜成门。

齐化门：现在的朝阳门。

11

千奇百怪的胡同名

先人是怎么给胡同起名字的呢？那可真是千奇百怪：有用人名命名的，有用工匠、商贩从事的职业或特色集市命名的，有用建筑物、机构命名的，有用景物、水井命名的，还有用胡同特点或形状命名的。

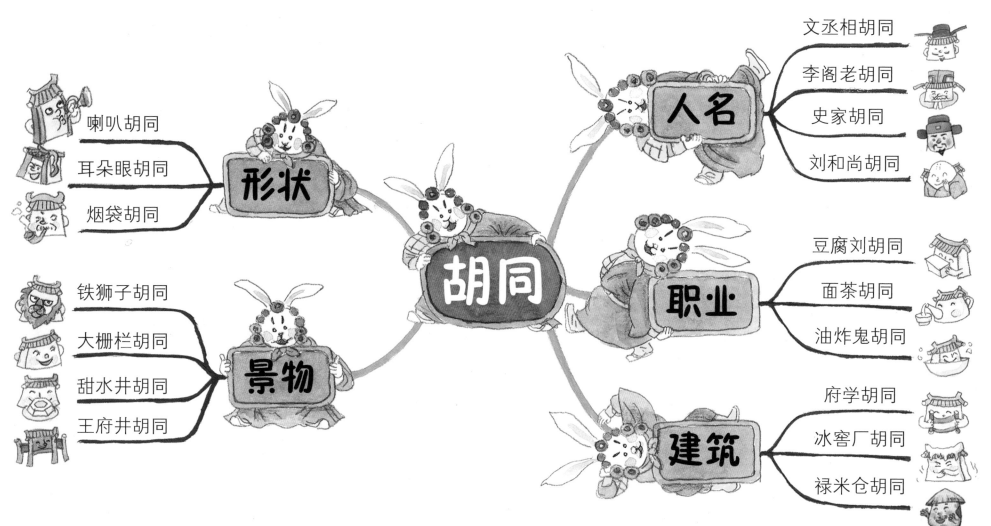

喇叭胡同
耳朵眼胡同
烟袋胡同

形状

铁狮子胡同
大栅栏胡同
甜水井胡同
王府井胡同

景物

胡同

人名

文丞相胡同
李阁老胡同
史家胡同
刘和尚胡同

职业

豆腐刘胡同
面茶胡同
油炸鬼胡同

建筑

府学胡同
冰窖厂胡同
禄米仓胡同

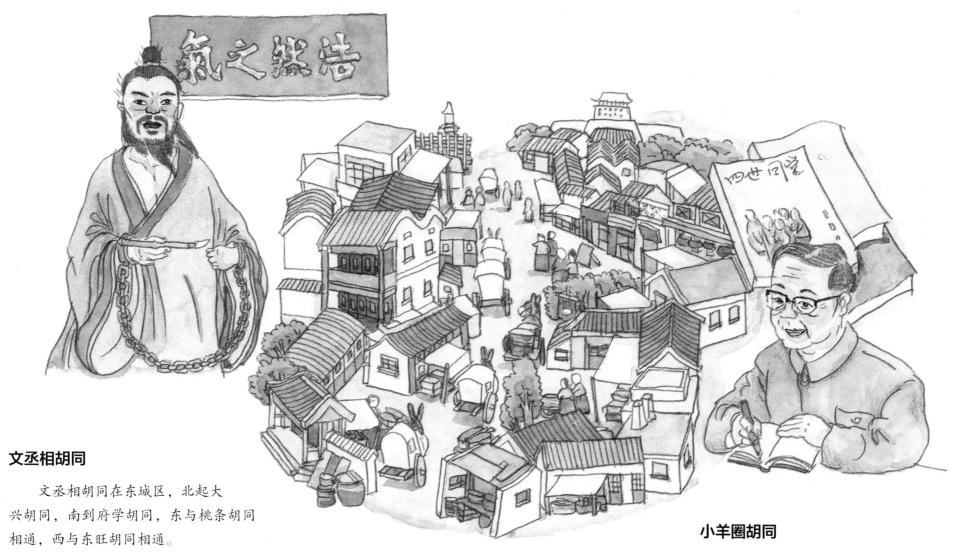

气之浩浩

文丞相胡同

文丞相胡同在东城区，北起大兴胡同，南到府学胡同，东与桃条胡同相通，西与东旺胡同相通。

南宋丞相文天祥抗击元军被抓，押送到元大都，据说关押在巴儿胡同。他忍受了三年牢狱之苦和病痛的折磨，坚决拒绝元朝高官厚禄的诱惑，还写下了著名的《正气歌》，最后在当时的柴市口（今府学胡同西口）英勇就义。

明朝皇帝为了表彰他以身殉国、杀身成仁的气节，在囚禁他的地方建了文丞相祠，巴儿胡同也因此改名文丞相胡同了。

小羊圈胡同

小羊圈胡同这个名字大概太土了，现在改成了小杨家胡同，在新街口南大街。它的形状就像个歪脖葫芦，由葫芦嘴、葫芦脖、葫芦胸、葫芦肚组成，葫芦嘴处只有一米多宽，也没人家，到了葫芦胸、葫芦肚才宽敞起来，有十几个门牌。

可别小看这条小胡同。著名作家老舍先生早年就住在小羊圈胡同八号，他还把这条小胡同写进了名著《四世同堂》。

	0	1000	2000	3000	4000
元朝	413				
明朝	1170				
清朝	2077				
1944年				3200	
1949年				3073	
1990年			2242		
2003年	1559				

北京旧城胡同数量对比图

我诞生于辽代，已经九百多岁了，别人都叫我"胡同祖宗"，我改过几次名，还叫过紫金街、立新街。

最老的胡同：三庙街
位于西城区长椿街
国华商场身后。

14

胡同知多少

北京到底有多少胡同呢?

当时流传着这样一句话:"有名的胡同三千五,无名的胡同赛牛毛。"不过,随着老城区的不断改造,它们正以每年600条的速度消失。

我本来叫江米巷,因为这里是漕运码头,从南方运来的大米都要在我这儿卸货。后来因为谐音改叫了现在的名字。

最长的胡同:东西交民巷
位于天安门广场毛主席纪念堂的东西两侧,全长1552米。

最短的胡同:一尺大街
位于琉璃厂东街东口的桐梓胡同至樱桃胡同北口段。

我现在已经和杨梅竹斜街合并,再也不孤单了。

最窄的胡同:钱市胡同
在前门大栅栏一带,进口宽80厘米,最窄的地方只有40厘米。

拐弯最多的胡同:九湾胡同在前门外。

胡同大家族里,数我的身材最好,胖子朋友得绕道而行哦。

我实际上有13道弯呢。

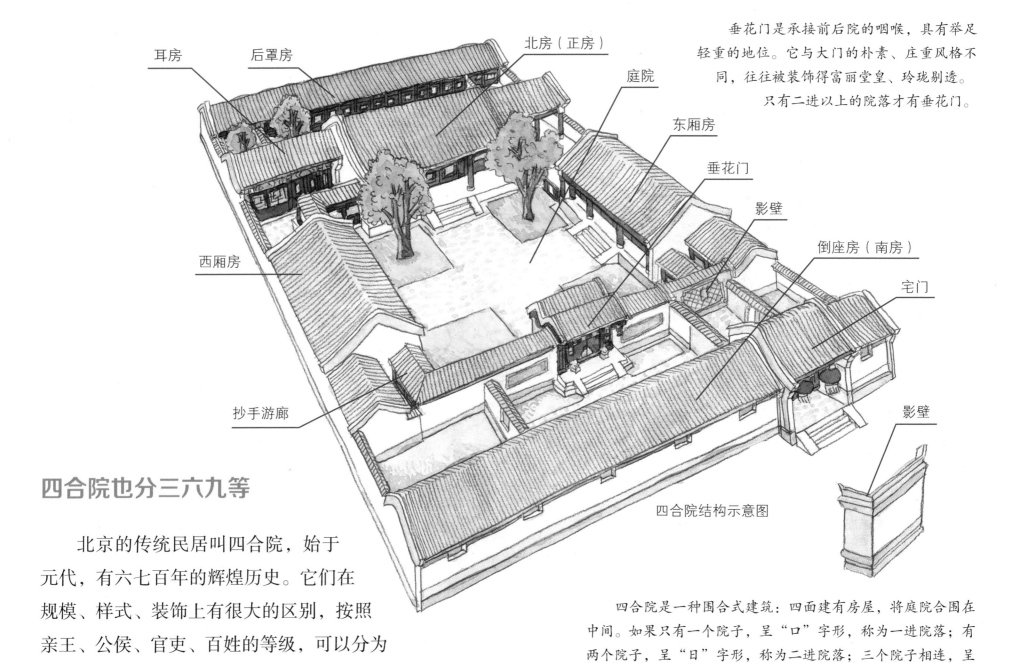

耳房

后罩房

北房（正房）

庭院

东厢房

垂花门是承接前后院的咽喉，具有举足轻重的地位。它与大门的朴素、庄重风格不同，往往被装饰得富丽堂皇、玲珑剔透。只有二进以上的院落才有垂花门。

垂花门

影壁

倒座房（南房）

宅门

西厢房

抄手游廊

四合院结构示意图

影壁

四合院也分三六九等

北京的传统民居叫四合院，始于元代，有六七百年的辉煌历史。它们在规模、样式、装饰上有很大的区别，按照亲王、公侯、官吏、百姓的等级，可以分为大、中、小三种。

四合院是一种围合式建筑：四面建有房屋，将庭院合围在中间。如果只有一个院子，呈"口"字形，称为一进院落；有两个院子，呈"日"字形，称为二进院落；三个院子相连，呈"目"字形，称为三进院落。上面的示意图是一个三进院落。

判断一座四合院的等级，不用走进去，单看门楼就行了。像清代王府的门楼就很壮观，有五间三启门，门前一般还有一对大石狮子。

大型四合院的门楼叫广亮大门，在宅子的东南角，台基很高，门外明亮、宽敞，门头和戗檐（qiàng yán）装饰着精美的砖雕。有的左右两侧还砌着八字粉墙，门楼和粉墙之间有上马石。

中型四合院多半是如意门。大门设在外檐柱间，门框两侧砌砖墙。门楣和两侧砖墙交角处砌如意状的砖饰。

另外，还有蛮子门、鹰不落式门、墙垣（yuán）式门等。

上马石

广亮大门

如意门

蛮子门

王府门楼

四合院里的日常生活

四合院里什么人住在哪个屋都是有讲究的。坐北朝南的北屋位置最好、装饰最豪华，住着家里最尊贵的长辈，比较重要的客人也在这里接待；晚辈则住在东、西厢房或后院；南房又称"倒座南房"，一般是客房或佣人的卧室。

四合院是封闭式的住宅，只有一个街门。关上门，里面自成天地，四面的房屋各自独立，互不干扰，又有游廊连接，大家联络起来也方便。打开门，立刻就能走到胡同里，四通八达。

院子里宽敞明亮、视野开阔，可以种上石榴、枣树、海棠、紫藤、葡萄，又能栽花养鱼、叠石造景，足不出户就能亲近大自然。

不过，相对于现代住房，早年间生活在四合院里也有很多不便。那时候没有自来水，每天得由送水师傅拉着水车挨家挨户送，或者自己到水井打水。后来通了自来水，但也僧多粥少，冬天又怕结冰。有钱人家做饭、取暖都用煤，拉煤的骆驼队成为北京冬天一道亮丽的风景线。

每天上午十点左右，水站的老孟就要给各家送水了。老孟自己拉着水车，水车是个封闭的大木桶，倒着放，后头有包着布的木头塞子，放水的时候把木头塞一拔，水哗的一下就流出来了。老孟用木桶在底下接着，满了一挑就给主家挑进去，也不用打招呼，他完全知道各家的水缸在哪儿。挑满了缸，老孟就会在这家大门口的青砖墙上用粉笔画道，一挑水一道，五挑水就画成了个小王八，月底按此结账。

——叶广芩《采桑子》

双峰的驼背上，每匹都驮着两麻袋煤。我在想，麻袋里面是"南山高末"呢，还是"乌金墨玉"？我常常看见顺城街煤栈的白墙上，写着这样几个大黑字。但是拉骆驼的说，他们从门头沟来，他们和骆驼，是一步一步走来的。

——林海音《城南旧事》

21

22

胡同里的京味儿

    北京人也很讲究"处街坊"。"远亲不如近邻"。"街坊里道"的，谁家有点事，婚丧嫁娶，都"随"一点"份子"，道个喜或道个恼，不这样就不合"礼数"。但是平常日子，过往不多，除了有的街坊是棋友，"杀"一盘；有的是酒友，到"大酒缸"（过去山西人开的酒铺，都没有桌子，在酒缸上放一块规成圆形的厚板以代酒桌）喝两"个"（大酒缸二两一杯，叫做"一个"）；或是鸟友，不约而同，各晃着鸟笼，到天坛城根、玉渊潭去"会鸟"（会鸟是把鸟笼挂在一处，既可让鸟互相学叫，也可互相比赛）。

——汪曾祺《胡同文化》

胡同里的交响乐

胡同里的生活既平静又多姿多彩，光听声音就知道了。

一串铁片哗哗一响，那是"震惊闺"，不用吆喝，各家想磨剪子、菜刀的主妇们就出来了。

铜铃叮当响，传出老远去，那是游方郎中摇着虎撑来了。

虎撑是一种金属圆环，环里有几颗圆珠，摇晃时会发出清脆的响声。

游方郎中

打糖锣的

卖豆腐脑

"咣咣咣——"，耳朵尖的孩子一听就知道打糖锣的来了，赶紧跑出来。打糖锣的可不是专门表演敲锣，而是挑着担子卖糖果零食、儿童玩具，有酸枣面儿、山楂片，还有印花人儿、珠串子，都是孩子们喜欢的。

当然，还有抑扬顿挫的叫卖声：

"喂小金鱼儿来哟——"
"零卖布头儿哦——"

"小枣儿的豌豆黄儿来，大块儿的唉——"
"扒糕哇，筋刀酸辣呀——"
"酱豆腐，臭豆腐" "卤煮喂，炸豆腐"
"酸甜的豆汁儿来——麻豆腐"
"葫芦儿——冰糖的唉"

不同的声音此起彼伏，组成了一曲曲美妙的交响乐，飞扬在胡同里。

卖豌豆黄

卖油条焦圈

吹糖人

丢沙包

25

戏园子里听大戏

北京人最喜欢听戏，特别是有钱有闲的八旗贵族。他们不但出钱供养自己的戏班，还在宅院里建戏楼，比如恭王府戏楼、郑王府戏台、僧王府戏台。很多戏迷还花大钱当票友，捧名角儿。普通老百姓没这么好的条件，但也可以去戏园子听戏。民国初年，北京有二十多家戏园，比如第一舞台、文明茶园、吉祥茶园等。

什么是票友？

票友就是单纯喜爱戏曲艺术并登台演出，但不以演艺为职业，不靠唱戏为生的人。

單目節

怎么捧角儿?

捧角儿的方式五花八门,跟现在的"追星"差不多。普通百姓为喜欢的演员"叫好"就不错了,但有钱人会大张旗鼓地为名角儿送花篮、花瓶、镜子,还会买很多戏票请人看戏,请名角儿到家里唱堂会,给赏银。甚至有八旗王公给艺人加官进爵。

赫赫有名的吉祥戏院

吉祥戏院在北京城一直声名显赫,有"东有吉祥,西有长安"的说法。它是光绪三十二年(1906)内廷大公主府的总管太监出钱修建的,位于王府井大街东安市场北端。这打破了清朝严禁内城开戏园演戏的规定,一时间轰动了整个北京城。京剧大师谭鑫培、梅兰芳、王瑶卿、杨小楼都曾在这里登台演出。

27

神圣的"左庙右学"

孔庙又叫文庙，是祭祀大思想家、教育家孔子的祠庙。全国有很多孔庙，不过最有名的除了孔子老家的曲阜孔庙，就数北京孔庙了。

它位于东城区安定门内国子监街，建于元朝，一直沿用到清朝。元明清时期，皇帝每年都要来这里祭祀孔子。

国子监紧挨着孔庙，又叫"太学""国学"，是元明清时期的最高学府和教育行政管理机构，类似现在北京大学和教育部的集合体。

清朝每位新皇帝即位，都要到国子监的辟雍讲学。乾隆帝来讲学时盛况空前，辟雍周围跪满了太学生和大大小小的官吏，有四五千人，一直排到了外面的大街上。

孔庙和国子监所在的国子监街是元明清三代的教育中心和文化中心，神圣不可侵犯。街口的下马碑上用六种文字镌刻"官员人等，至此下马"，即使皇帝来了，也要下辇（niǎn）步行。

辟雍

据说周朝的时候，天子为贵族子弟设立了大学，叫辟雍。校园呈圆形，周围围着水池，用桥连接，就像一座湖心小岛。后代的皇帝都效法周天子，也建设辟雍。国子监的辟雍就是这样。

数不清的会馆

截至清朝末年，北京南城的胡同里分布着460多座会馆。

什么是会馆？简单来说有两种。一种是同乡会馆，招待从家乡来的官绅、客商、赶考的学子，比如江西会馆、福建龙溪会馆、深州会馆。另一种叫行业会馆，是本行业的商人、手工业者聚集和交流的地方，因此也是商业资讯的集散地。

清明时期，全国的举人都要来北京参加更高一级的会试，考上的还要参加殿试，排出进士的名次。有些没考上的人就留在北京复读，他们大多寄居在本省的会馆里。如果考中了进士，就要捐款资助会馆。

"名不副实"的琉璃厂

琉璃厂在今天西城区和平门外，卖古玩、字画、文房四宝，不过，它一开始可没这么高雅，是专门为官府烧制琉璃瓦的地方，因此得名"琉璃厂"。

常年挖土烧窑，地面变得坑坑洼洼，下起雨来更是满地烂泥。明朝修建外城后，这里变成了城区，再烧窑就污染环境了，所以瓦窑的烟囱都熄了火。琉璃厂迎来了命运的转折。

因为很多汉族官员、举子文人住在这里，所以书市意外走红。书市又带动了古玩字画、文房四宝等行业。精明的商家甚至为参加科举考试的学子提供一条龙服务，不但有毛笔、卷纸、墨壶、镇纸、弓绷，甚至有被褥，真是读书人的天堂。

直到现在，琉璃厂还有很多老字号，比如槐荫山房、茹古斋、古艺斋、瑞成斋、萃文阁、一得阁、李福寿笔庄、中国书店……

穷人的天堂——天桥

　　这里的"天桥"可不是现在的过街天桥，而是一座高拱石桥，位于正阳门外。它是皇帝去天坛祭天的必经之路，所以得名"天桥"。

　　明清时期，天桥一带还是人烟稀少的郊外，是人们春游踏青的好去处。清朝末年，周边渐渐有了茶馆、鸟市、酒楼、杂耍。

　　到了民国时期，竟然成了热闹非凡的市场、游艺场。

　　这里有各种好吃的，像炸黄花鱼、爆肚杂碎、粽子糖、冰糖葫芦、秋梨膏；各种用品，比如小说画本、虫子药；千奇百怪的玩乐项目，比如说书、唱小曲、拿大顶、拉洋片、摔跤、变戏法、吐火、打花鼓等。

　　做小买卖的都是穷苦百姓，来消遣、娱乐的也都是平民，所以都很便宜，当然质量也不好。老舍笔下的人力车夫祥子就爱去天桥消遣。

鱼龙混杂的天桥产生了很多传奇人物，比如"天桥四绝""天桥八怪"，演绎出很多传说。据说，"八怪"里有个卖肥皂的，人称"蹭油儿的"。他拿着一些肥皂和装满水的小脸盆，往路边一站就做起了生意。看谁的衣服上有油，就拉住人家，用水打湿油污，抹上他的肥皂，还边抹边唱："蹭，蹭，蹭""无论大油、香油，一蹭就掉了油儿呀！"

逛庙会

过春节的时候，北京的小朋友最喜欢的活动是逛庙会。
北京的庙会已经有上千年的历史了，它的鼻祖是元朝的东岳庙庙会。庙会上卖花果、饼食、香纸、儿童玩具的商贩占满了街道，热闹极了，要是坐马车去肯定得堵车。

元朝皇帝崇信道教。东岳庙作为重要道宫，香火非常旺。农历三月二十八日是东岳大帝的生日，到了这天，不便抛头露面的贵族妇女也会换上男装来烧香祈福，平民妇人领着孩子来许愿、还愿的就更多了。南方的商人要是走水路来北京，都从通州上岸，住在城外，离东岳庙很近。有人气的地方就有商机，因此这里成了庙会的首选地。

到了明清时期，赶庙会成了老百姓日常生活中的一件大事。庙会之间竞争相当激烈。明朝最大的庙会变成了城隍庙庙会，每个月初一、十五、二十五开市，汇聚五湖四海的商贩和琳琅满目的商品，甚至有外国人朝贡的稀世珍品。

清朝康熙年间，慈仁寺庙会又超过了城隍庙庙会。雍正年间，内城的隆福寺、护国寺庙会迎头赶上，又超过了慈仁寺庙会。

现在的护国寺小吃就是从护国寺庙会上发展起来的，比如年糕、驴打滚、凉粉、豌豆黄、爆肚、焦圈，光听名字就让人馋得流口水了。

如今，古老的胡同又焕发出别样的风采。有的胡同建了博物馆；有的胡同开了各式各样的创意小店、咖啡馆、个性书店，文化范儿十足；王府花园变成了名人故居；会馆戏楼又开始表演节目；曾经民间艺人扎堆的天桥虽然拆除了，但这一区域仍然是繁荣的文化中心，兴建了很多高大上的剧场、艺术中心，不仅本土的曲艺演出受到追捧，还吸引了世界各地的艺术团体，都来这里登台献艺……

坐着三轮车逛胡同成了北京经典的旅游项目，在或宽或窄、或笔直或曲里拐弯、或古朴庄重或现代文艺、或宁静安逸或热闹喧哗的胡同中兜兜转转，感受不一样的北京味道。